기초한자 **부수** 떼기 1과정 ❶

★1쪽에 붙이세요.   ★2쪽에 붙이세요.   ★6쪽에 붙이세요.   ★7쪽에 붙이세요.   ★9쪽에 붙이세요.

뜻 소리
해(날) 일

뜻 소리
물 수

火
水

뜻 소리
나무 목

★3쪽에 붙이세요.   ★10쪽에 붙이세요.   ★11쪽에 붙이세요.

日 月

뜻 소리
쇠/성 금/김

★5쪽에 붙이세요.

뜻 소리
불 화

木 金

 **기초한자 부수 떼기** 1과정 ❷

★13쪽에 붙이세요.

뜻 소리
흙 토

★14쪽에 붙이세요.

뜻 소리
산(뫼) 산

★18쪽에 붙이세요.

뜻 소리
밭 전

★19쪽에 붙이세요.

夕 田

★21쪽에 붙이세요.

月

★15쪽에 붙이세요.

土
山

★17쪽에 붙이세요.

뜻 소리
저녁 석

★22쪽에 붙이세요.

해(날) 일 　 달 월 　 불 화 　 물 수 　 나무 목

 기초한자 부수 떼기 1과정 ❸

★24쪽에 붙이세요.
해(날) 일 불 화
달 월 나무 목
물 수

★25쪽에 붙이세요.
明 밝을 명
炎 불꽃 염
林 수풀 림

★31쪽에 붙이세요.
釘 못 정
男 남자 남
岳 큰 산 악

★27쪽에 붙이세요.
 山
金
土
田
夕

★28쪽에 붙이세요.
쇠/성 금/김
흙 토
산(뫼) 산
저녁 석
밭 전

★30쪽에 붙이세요.
쇠/성 금/김
흙 토
산(뫼) 산
저녁 석
밭 전

★확인란에 붙이세요.

日 한자알기

빈 곳을 색칠하고 ❓에 알맞은 스티커를 붙인 뒤, 日을 알아보세요.

엄마와 함께 하루에 한 장씩!

| 월 | 일 | 이름 | 확인 |

日

  빈 곳을 색칠하고 ❓에 알맞은 스티커를 붙인 뒤, 月을 알아보세요.

엄마와 함께 하루에 한 장씩!

| 월 | 일 | 이름 | 확인 |

 日, 月 자원알기

? 에 알맞은 스티커를 붙이고, 한자의 뜻과 소리를 따라 쓰세요.

엄마와 함께 하루에 한 장씩!

| 월 | 일 | 이름 | 확인 |

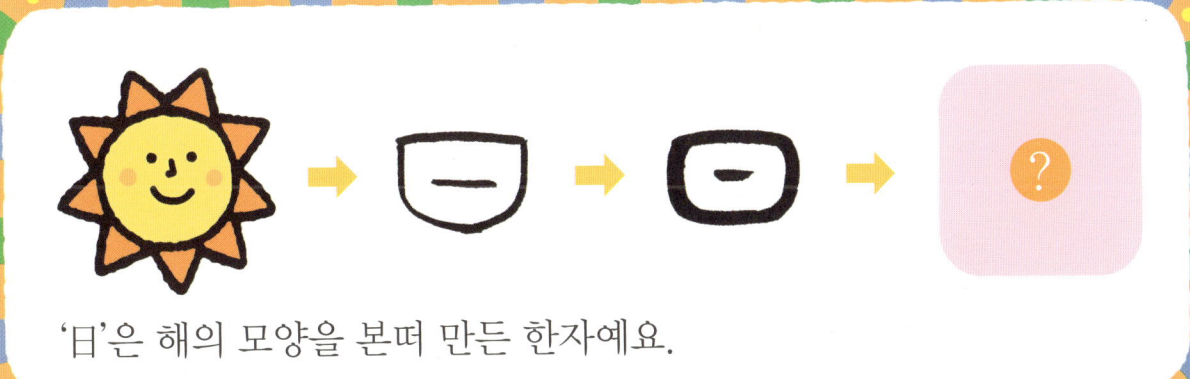

'日'은 해의 모양을 본떠 만든 한자예요.

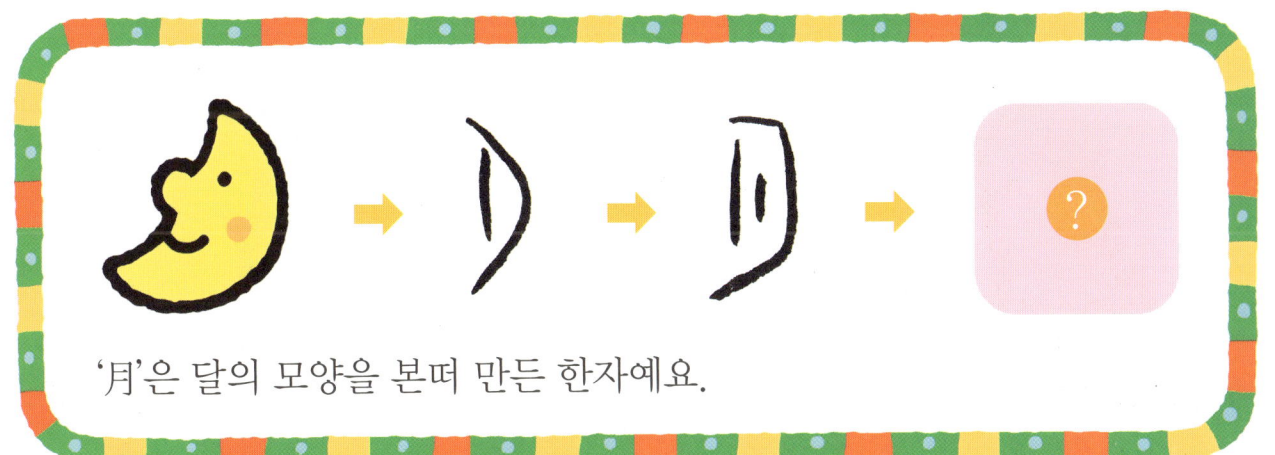

'月'은 달의 모양을 본떠 만든 한자예요.

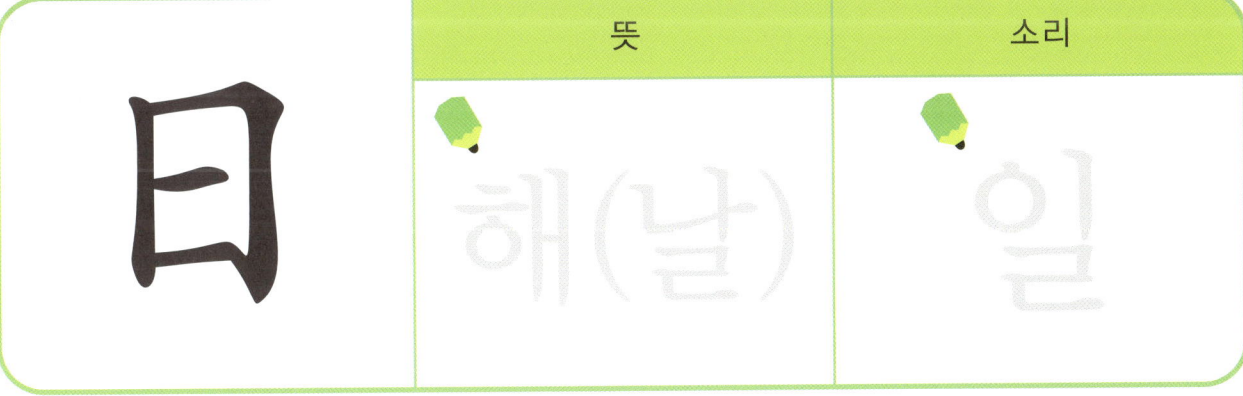

日, 月을 순서대로 예쁘게 색칠하세요.

| 월 | 일 | 이름 | 확인 |

해(날) 일 　一 冂 日 日

달 월 　丿 冂 月 月

엄마와 함께 하루에 한 장씩!

빈 곳을 색칠하고 ❓에 알맞은 스티커를 붙인 뒤, 火를 알아보세요.

| 월 | 일 | 이름 | 확인 |

빈 곳을 색칠하고 ❓에 알맞은 스티커를 붙인 뒤, 水를 알아보세요.

엄마와 함께 하루에 한 장씩!

| 월 | 일 | 이름 | 확인 |

火, 水 자원알기

?에 알맞은 스티커를 붙이고, 한자의 뜻과 소리를 따라 쓰세요.

엄마와 함께 하루에 한 장씩!

| 월 | 일 | 이름 | 확인 |

'火'는 활활 타고 있는 불의 모양을 본떠 만든 한자예요.

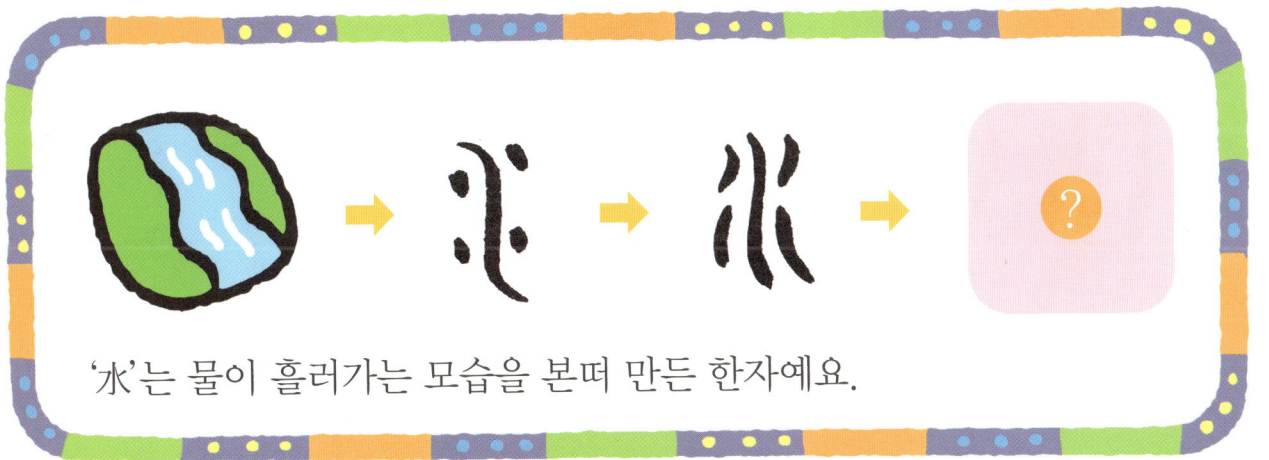

'水'는 물이 흘러가는 모습을 본떠 만든 한자예요.

火, 水를 순서대로 예쁘게 색칠하세요.

엄마와 함께 하루에 한 장씩!

뜻 소리
불 화   ､ ､ ｿ 火

뜻 소리
물 수   亅 亅 水 水

  빈 곳을 색칠하고 ❓에 알맞은 스티커를 붙인 뒤, 木을 알아보세요.

엄마와 함께 하루에 한 장씩!

| 월 | 일 | 이름 | 확인 |

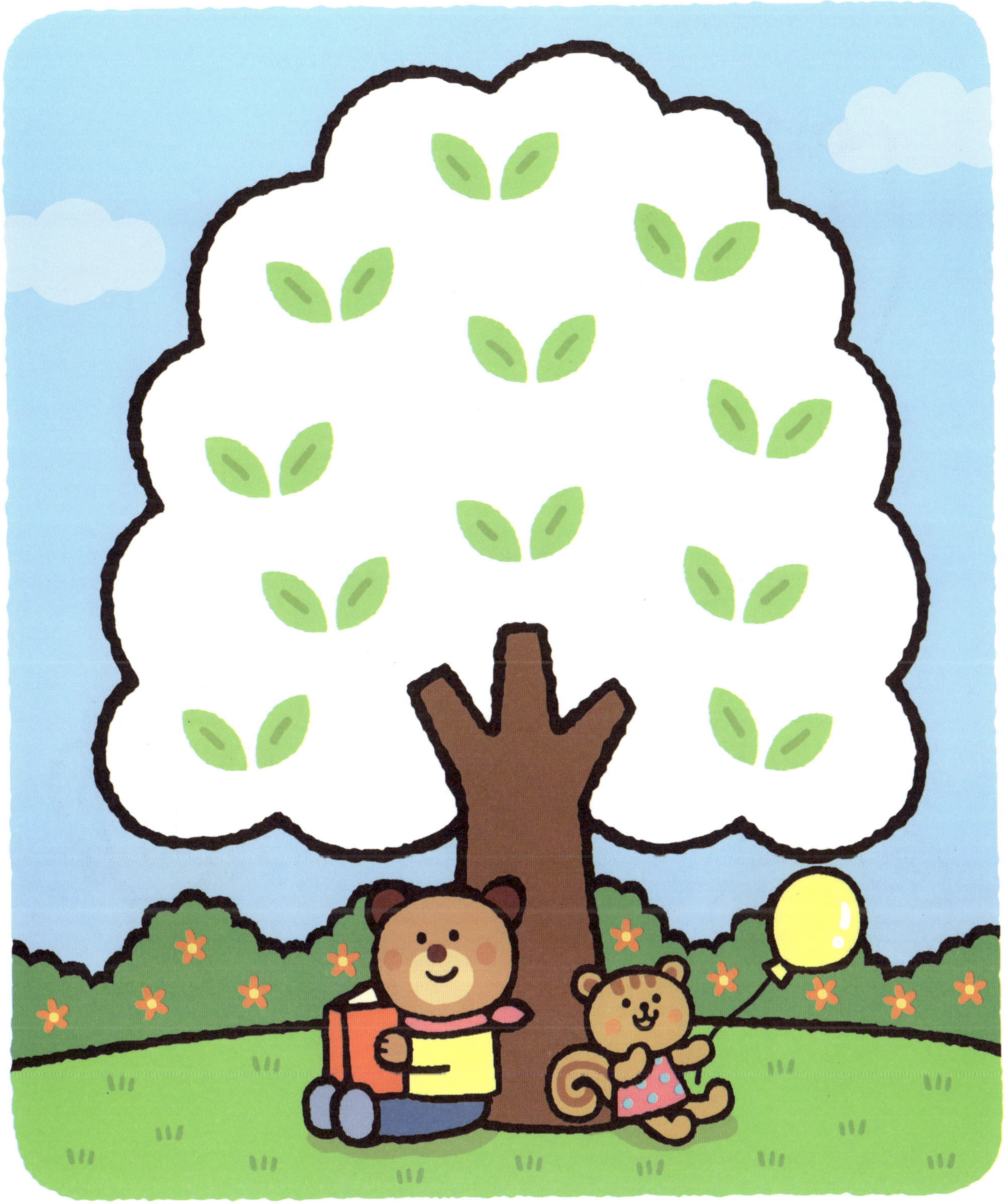

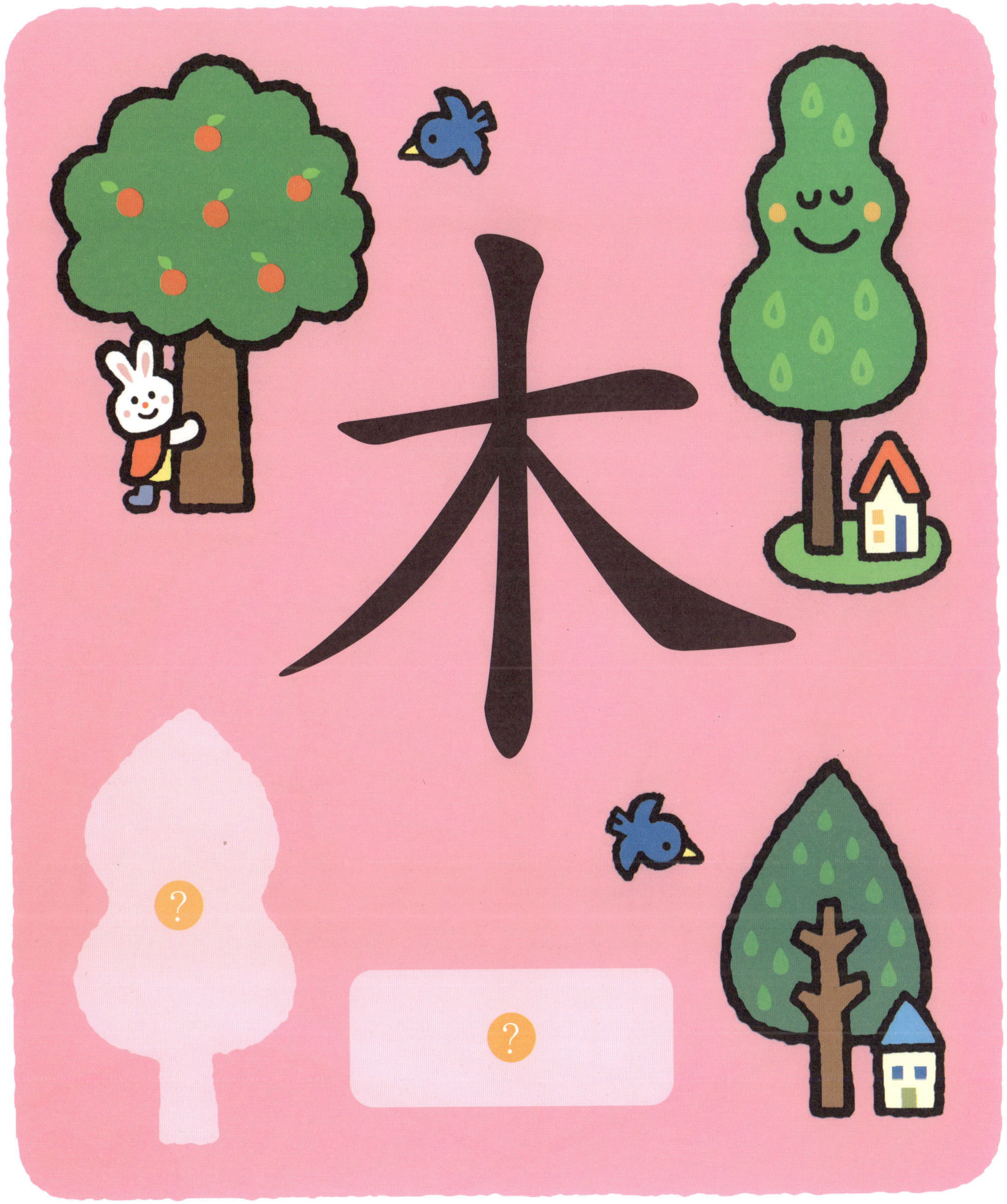

  한자알기

빈 곳을 색칠하고 ❓에 알맞은 스티커를 붙인 뒤, 金을 알아보세요.

엄마와 함께 하루에 한 장씩!

| 월 | 일 | 이름 | 확인 |

金은 '쇠'를 뜻할 때는 '금'으로, '성씨'를 뜻할 때는 '김'으로 읽어요.

木, 金 자원알기

? 에 알맞은 스티커를 붙이고, 한자의 뜻과 소리를 따라 쓰세요.

| 월 | 일 | 이름 | 확인 |

'木'은 한 그루의 나무 모습을 본떠 만든 한자예요.

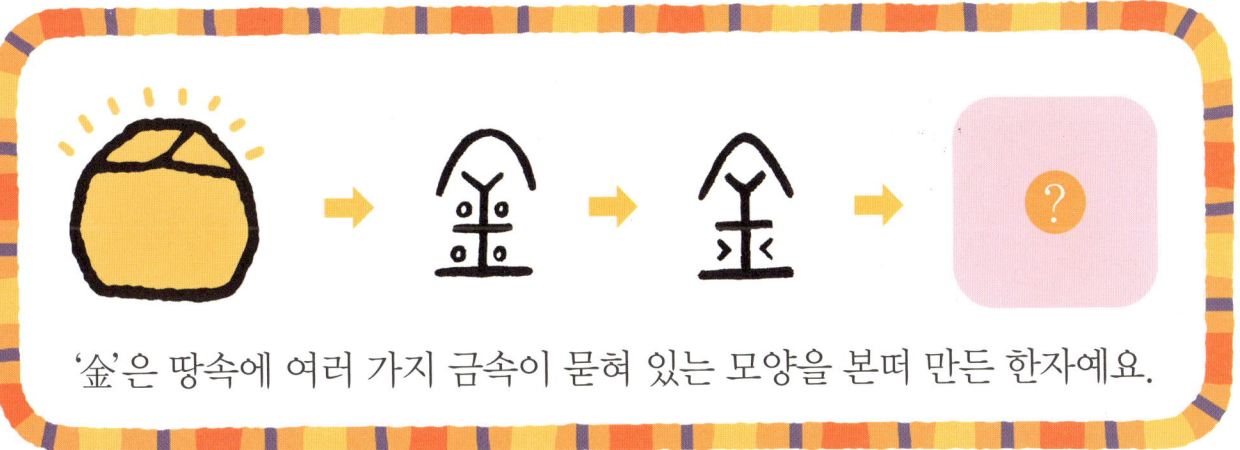

'金'은 땅속에 여러 가지 금속이 묻혀 있는 모양을 본떠 만든 한자예요.

| 木 | 뜻 나무 | 소리 목 |

| 金 | 뜻 쇠/성 | 소리 금/김 |

木, 金 필순알기

木, 金을 순서대로 예쁘게 색칠하세요.

월　일　이름　확인

뜻 소리
나무 목　一 十 才 木

뜻 소리
쇠/성 금/김　ノ 人 亼 仐 夲 釜 金

土 한자알기

빈 곳을 색칠하고 ❓에 알맞은 스티커를 붙인 뒤, 土를 알아보세요.

엄마와 함께 하루에 한 장씩!

| 월 | 일 | 이름 | 확인 |

山 한자알기

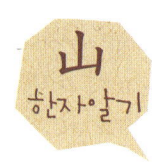

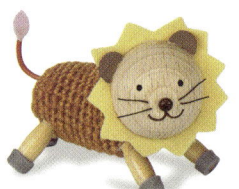

빈 곳을 색칠하고 ?에 알맞은 스티커를 붙인 뒤, 山을 알아보세요.

엄마와 함께 하루에 한 장씩!

월	일	이름	확인

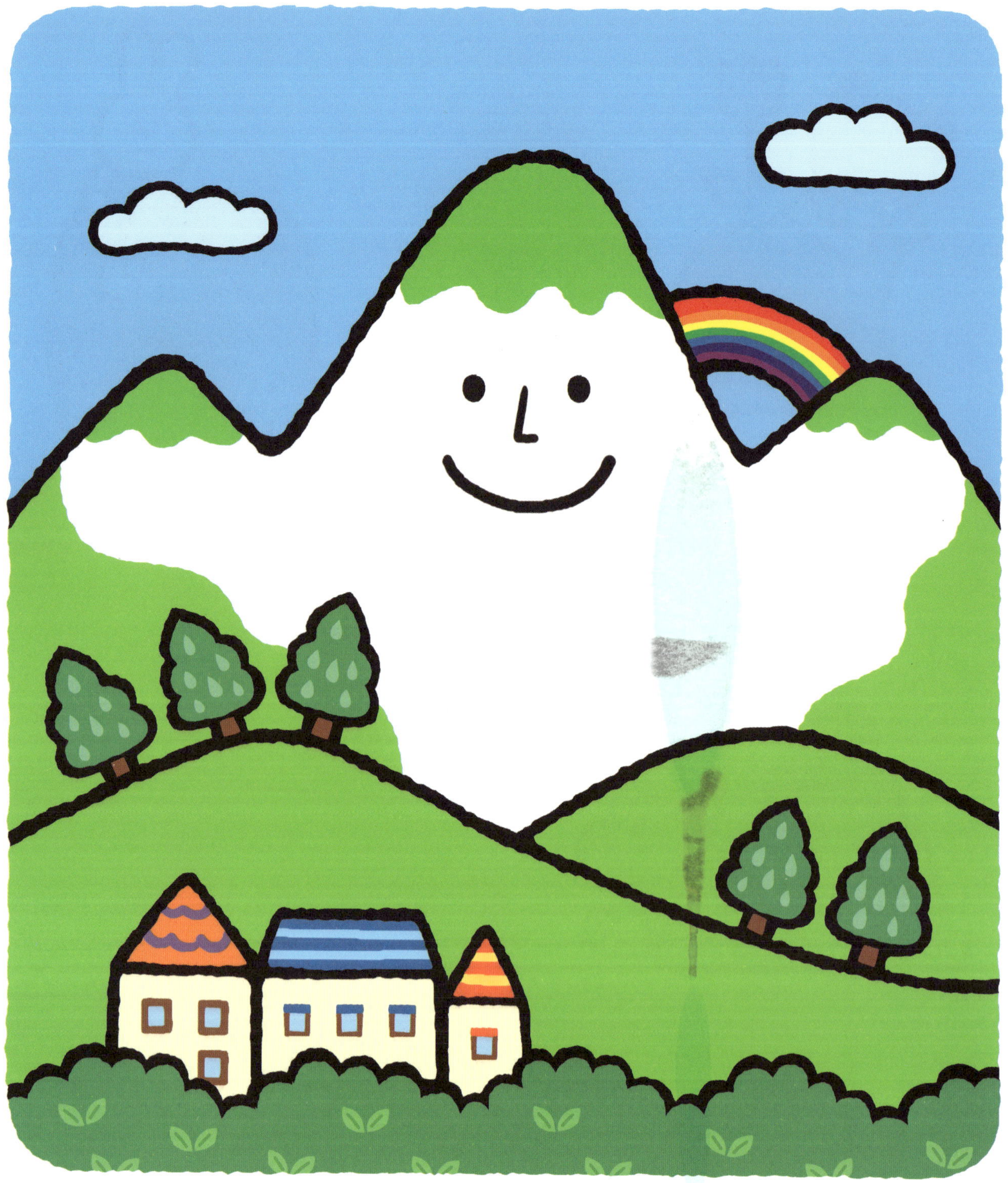

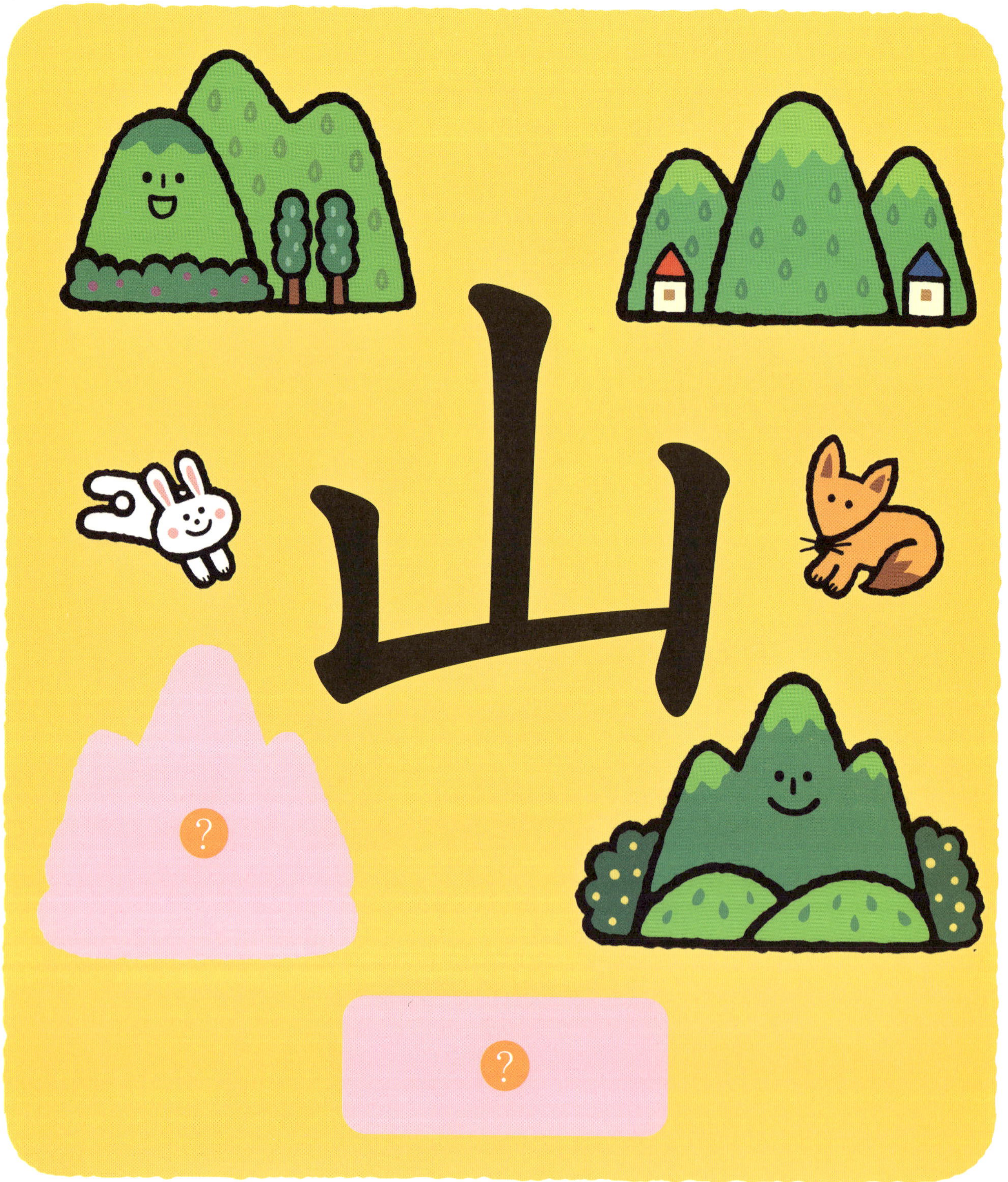

山은 '메, 뫼, 산'의 뜻으로 쓰입니다. '메'는 '산'을 예스럽게 이르는 말이고, '뫼'는 '산'의 방언입니다.

土, 山 자원알기

❓에 알맞은 스티커를 붙이고, 한자의 뜻과 소리를 따라 쓰세요.

엄마와 함께 하루에 한 장씩!

| 월 | 일 | 이름 | 확인 |

'土'는 땅 위에 한 무더기의 흙이 있는 모습을 본떠 만든 한자예요.

'山'은 산의 모습을 본떠 만든 한자예요.

	뜻	소리
土	흙	토

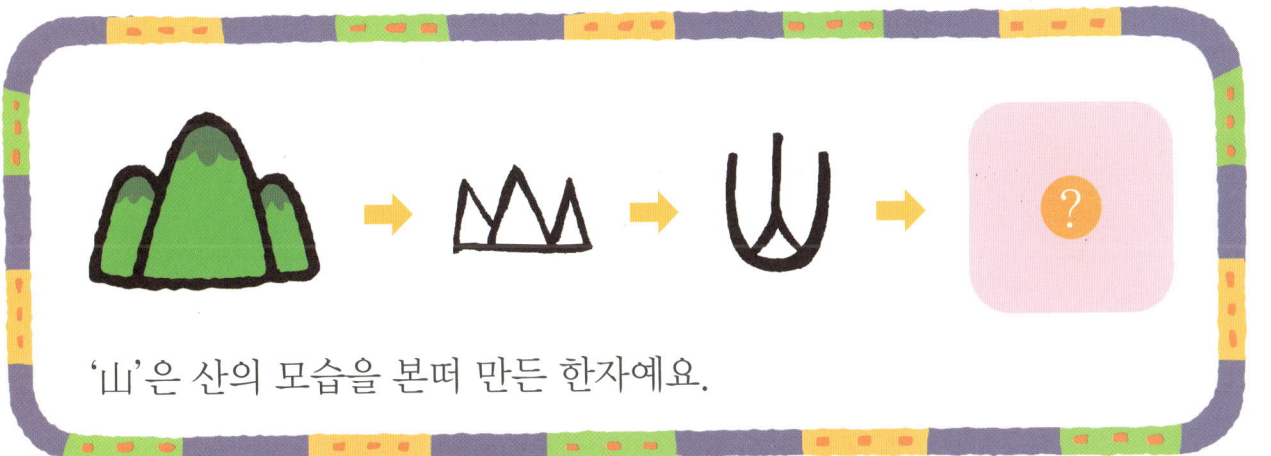

	뜻	소리
山	산(뫼)	산

土, 山을 순서대로 예쁘게 색칠하세요.

엄마와 함께 하루에 한 장씩!

| 월 | 일 | 이름 | 확인 |

뜻 소리	
흙 토	一 十 土

뜻 소리	
산(뫼) 산	丨 山 山

夕
한자알기

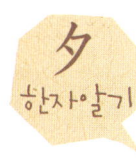

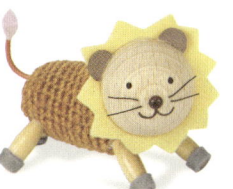

빈 곳을 색칠하고 ?에 알맞은 스티커를 붙인 뒤, 夕을 알아보세요.

엄마와 함께 하루에 한 장씩!

월	일	이름	확인

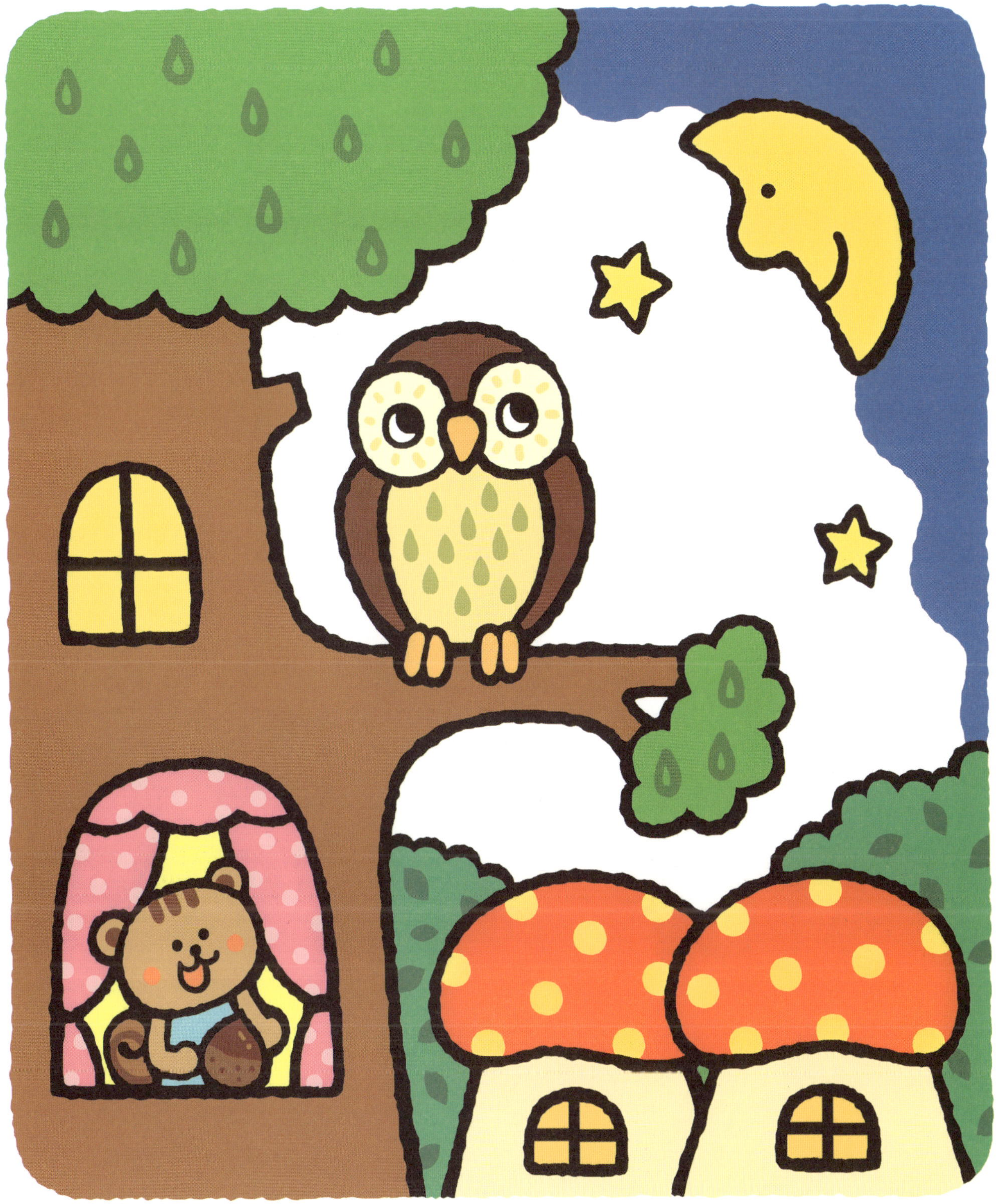

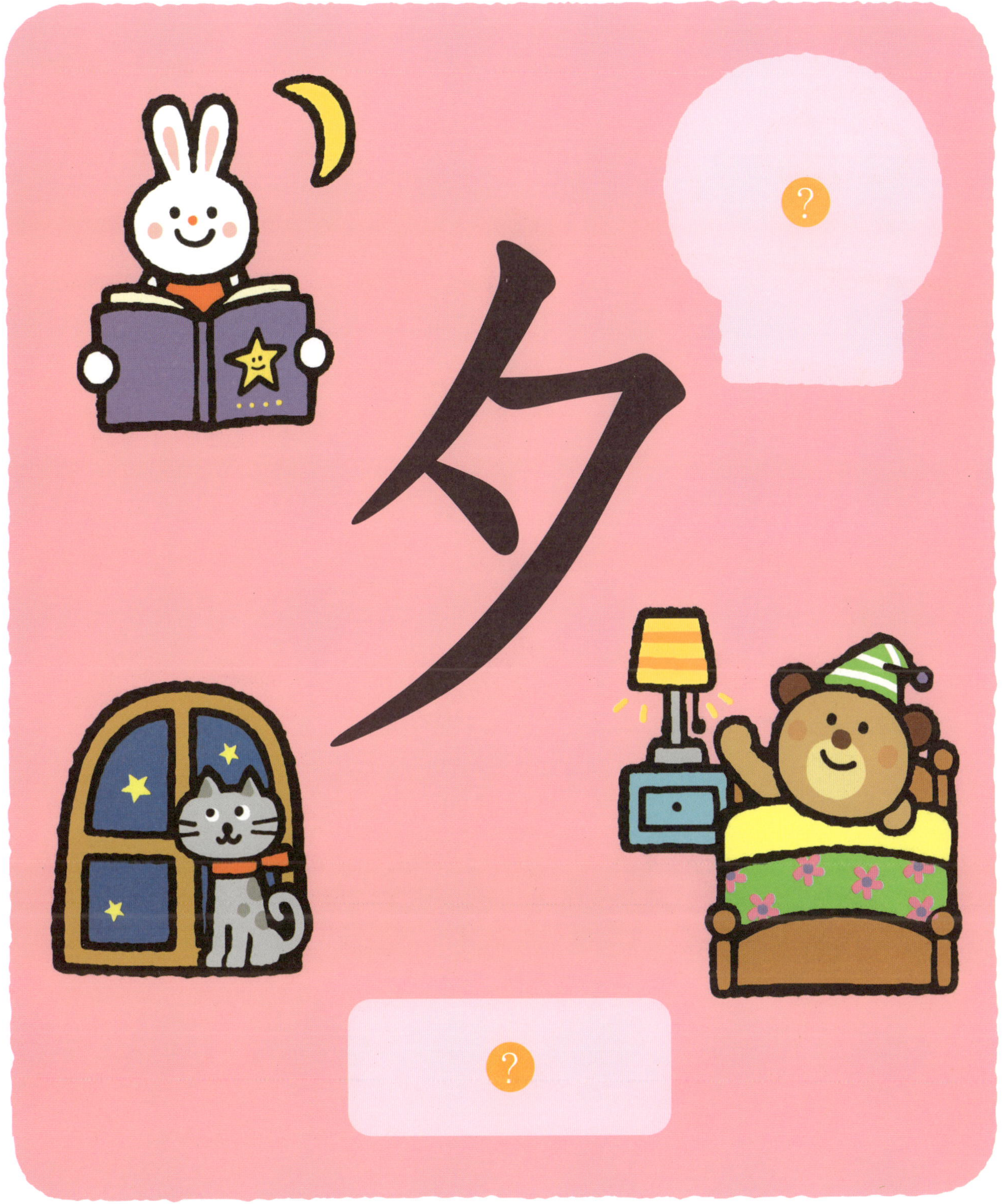

田
한자알기

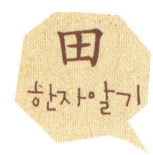

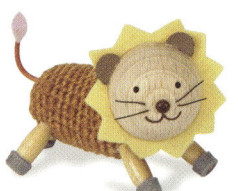

빈 곳을 색칠하고 ?에 알맞은 스티커를 붙인 뒤, 田을 알아보세요.

엄마와 함께 하루에 한 장씩!

월	일	이름	확인

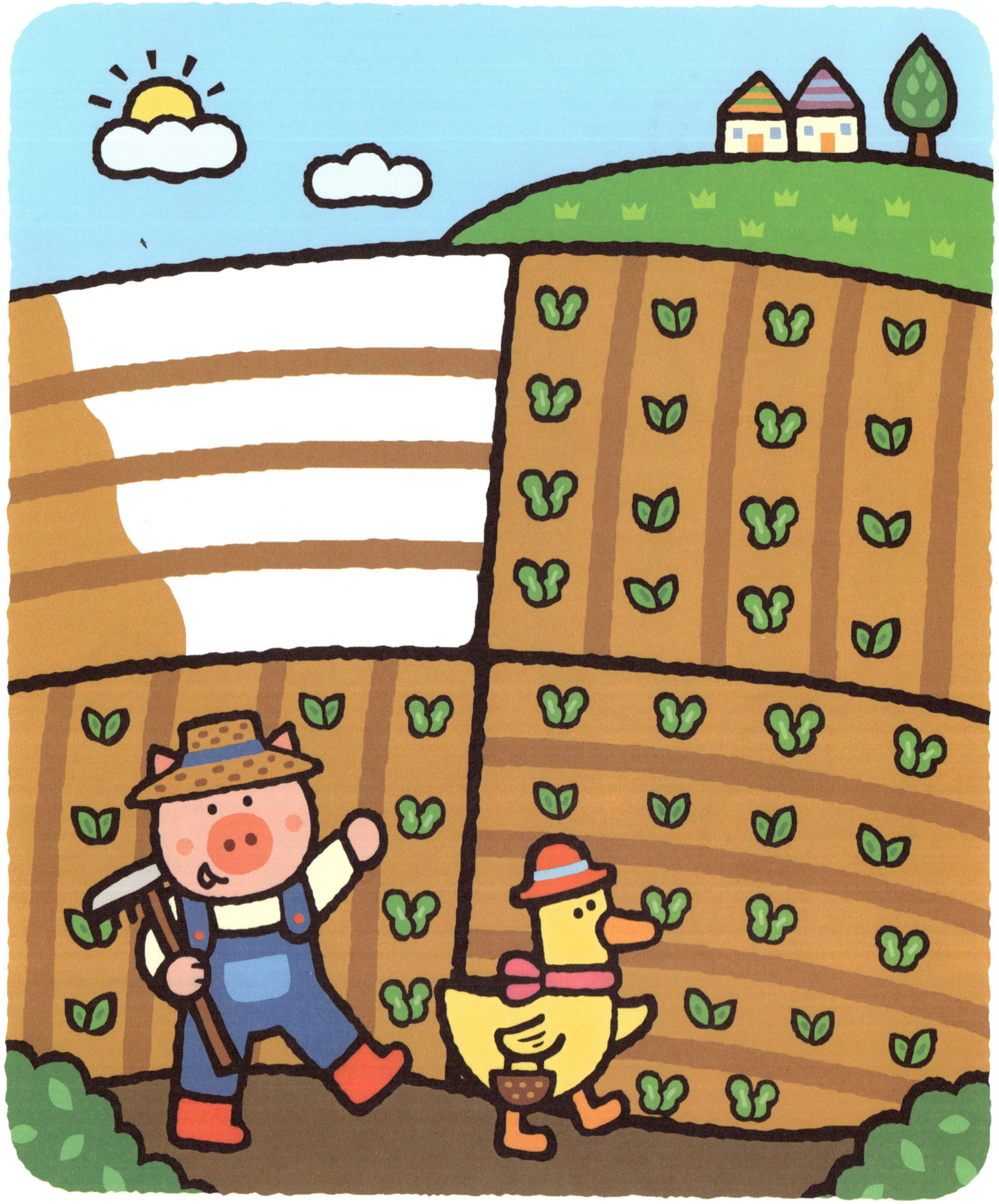

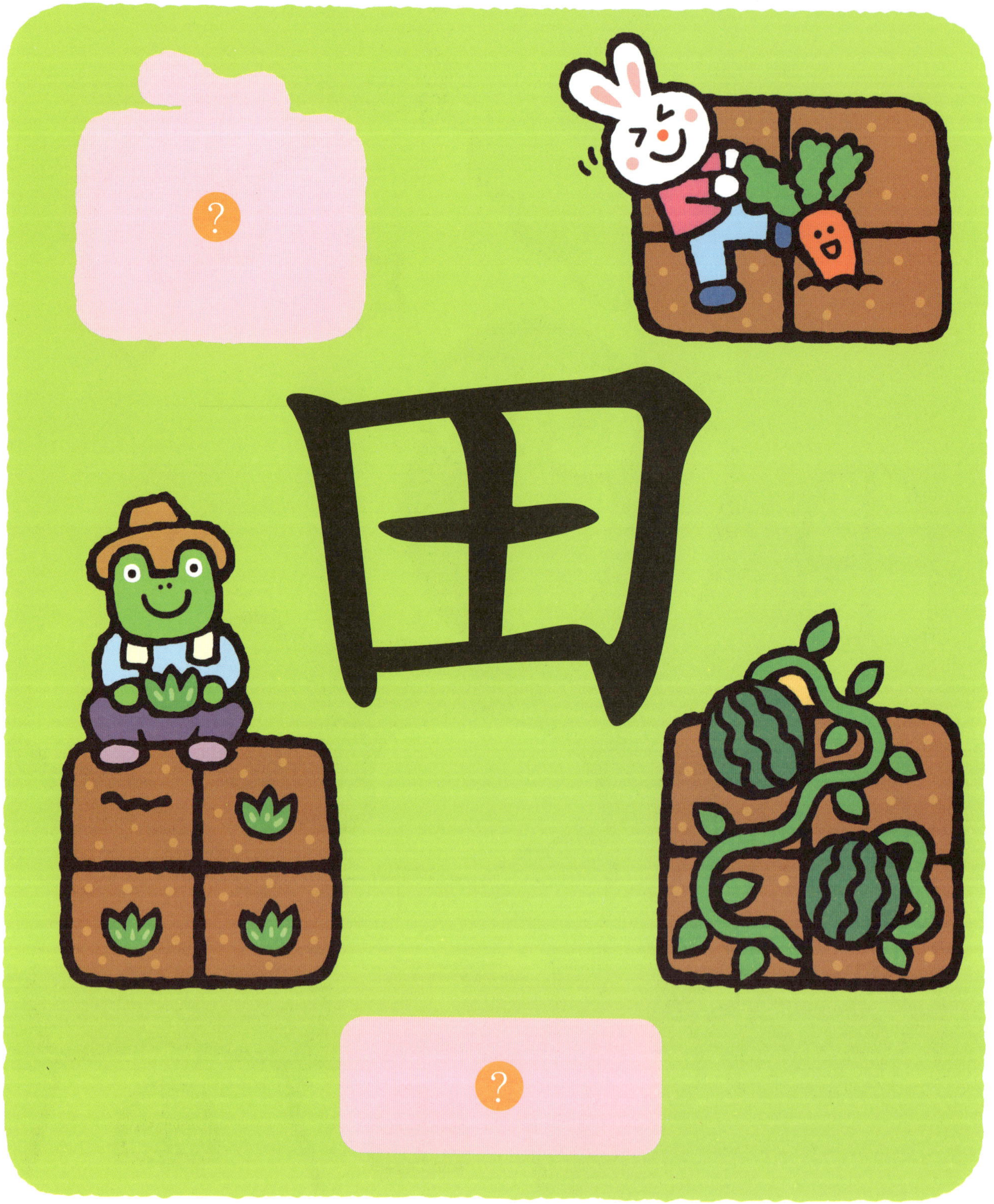

夕, 田 자원알기

?에 알맞은 스티커를 붙이고, 한자의 뜻과 소리를 따라 쓰세요.

엄마와 함께 하루에 한 장씩!

| 월 | 일 | 이름 | 확인 |

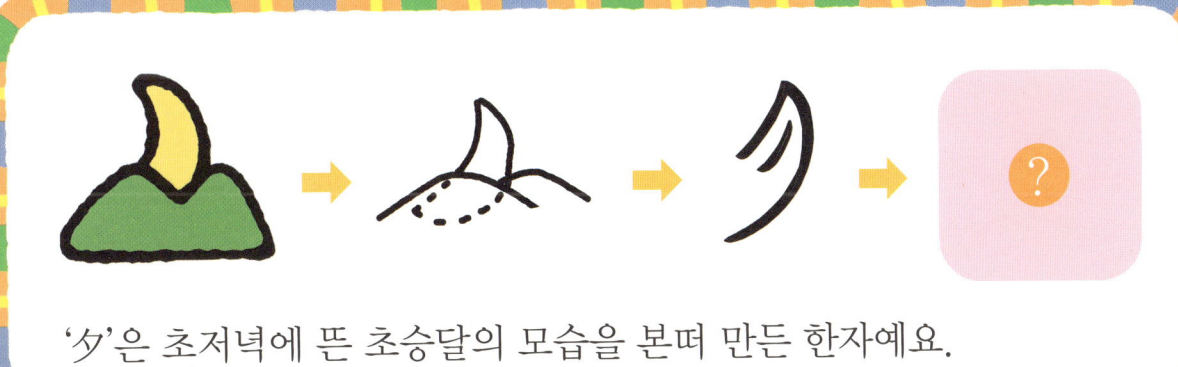

'夕'은 초저녁에 뜬 초승달의 모습을 본떠 만든 한자예요.

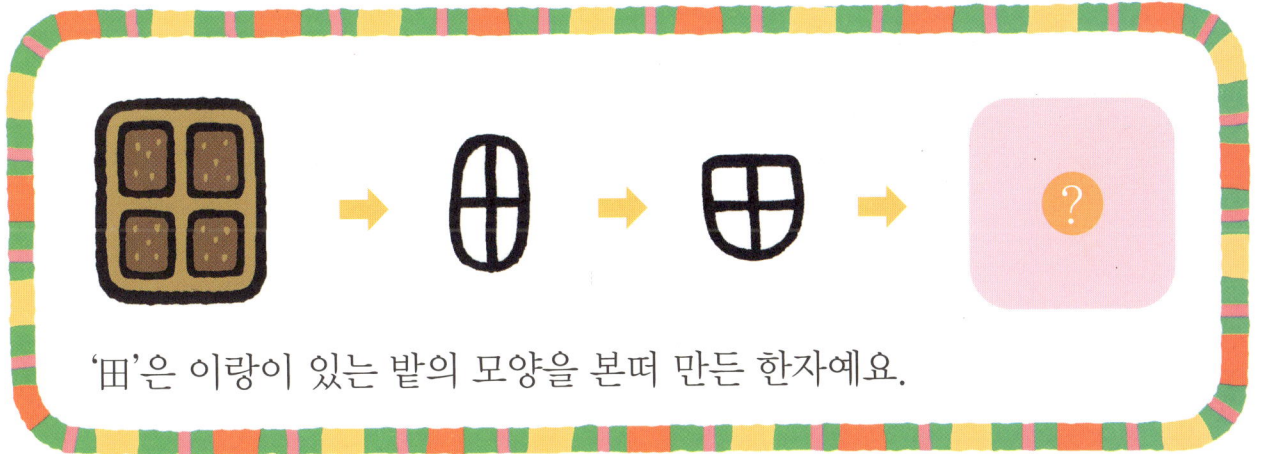

'田'은 이랑이 있는 밭의 모양을 본떠 만든 한자예요.

夕	뜻	소리
	저녁	석

田	뜻	소리
	밭	전

夕, 田을 순서대로 예쁘게 색칠하세요.

| 월 | 일 | 이름 | 확인 |

뜻 소리
저녁 석   ノ ク 夕

뜻 소리
밭 전   一 冂 冂 用 用 田

日,月,火,水,木 다시보기

? 에 알맞은 스티커를 붙이고, 한자의 뜻과 소리를 말해 보세요.

엄마와 함께 하루에 한 장씩!

| 월 | 일 | 이름 | 확인 |

日, 月, 火, 水, 木 다시보기

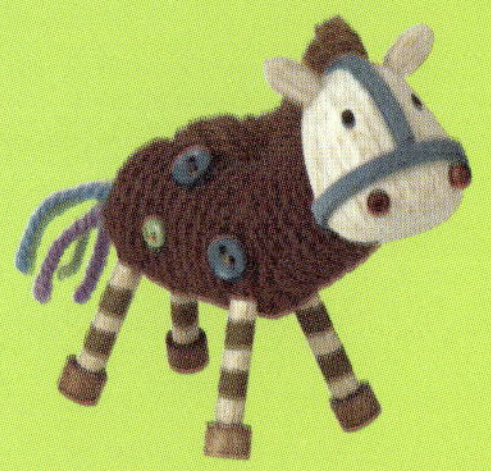

❓에 알맞은 스티커를 붙이고, 한자와 관련 있는 그림을 찾아 길을 따라가세요.

| 월 | 일 | 이름 | 확인 |

日　月　火　水　木

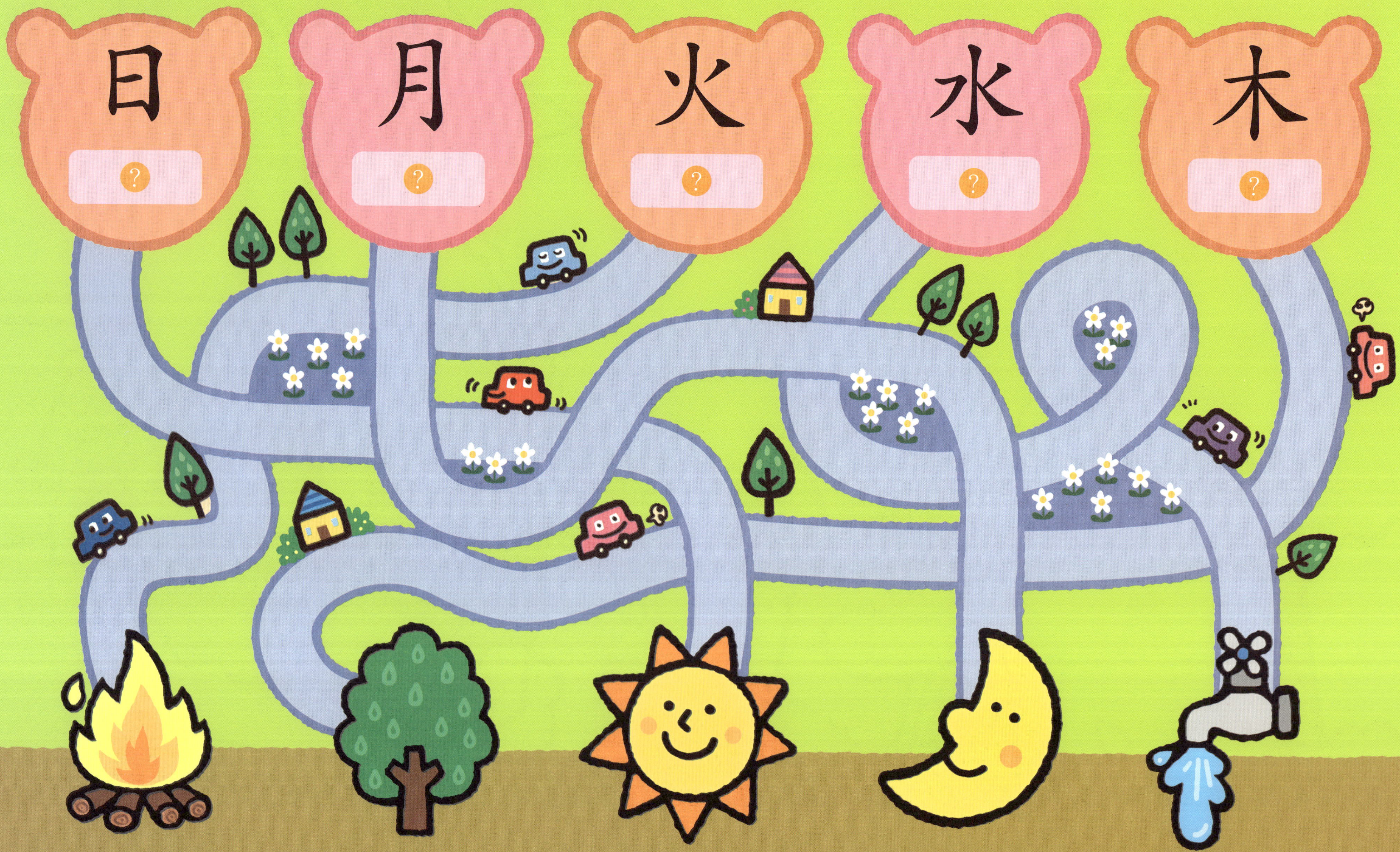

日,月,火,水,木
다시보기

한자를 순서대로 따라 쓰고, 뜻과 소리를 큰 소리로 말해 보세요.

엄마와 함께 하루에 한 장씩!

| 월 | 일 | 이름 | 확인 |

日,月,火,水,木 다시보기

한자의 뜻, 소리 스티커를 찾아 ❓에 알맞게 붙이세요.

엄마와 함께 하루에 한 장씩!
| 월 | 일 | 이름 | 확인 |

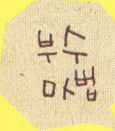 

한자가 친구를 만나 새로운 한자가 되었어요.
❓에 알맞은 스티커를 붙이고, 어떤 한자가 만들어졌는지 알아보세요.

엄마와 함께 하루에 한 장씩!

| 월 | 일 | 이름 | 확인 |

日 해(날) 일 + 月 달 월

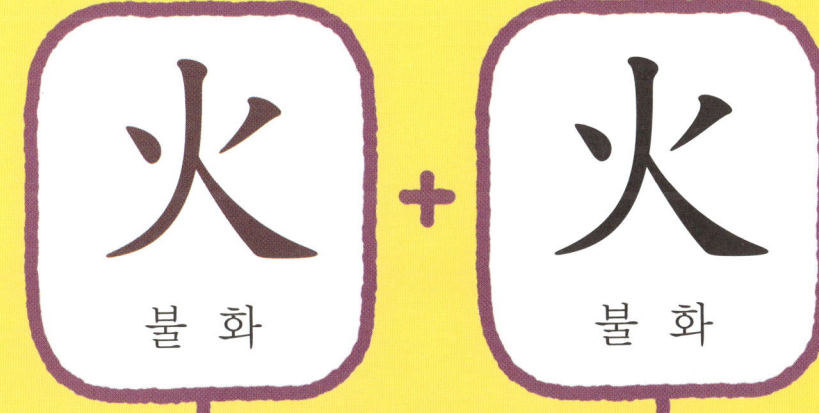
火 불 화 + 火 불 화

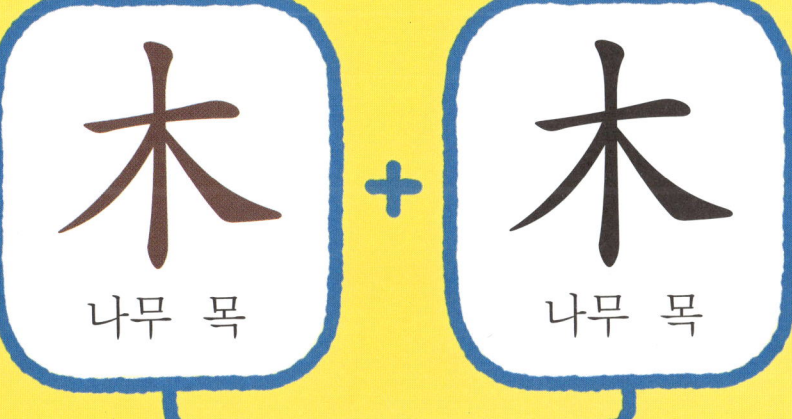
木 나무 목 + 木 나무 목

日(해 일)과 月(달 월)이 만나서 '밝다'를 뜻하는 '明(밝을 명)'이 되었어요.

火(불 화)를 두 번 써서 '불꽃'을 뜻하는 '炎(불꽃 염)'이 되었어요.

木(나무 목)을 두 번 써서 '수풀'을 뜻하는 '林(수풀 림)'이 되었어요.

한자가 친구를 만나 새로운 한자가 되었어요.
우리가 배운 한자를 찾아 순서대로 따라 쓰세요.

| 월 | 일 | 이름 | 확인 |

旦
아침 단

日(해 일)이 들어 있는 한자는
'해, 날' 등과 관련이 있어요.

松
소나무 송

木(나무 목)이 들어 있는 한자는
'나무'와 관련이 있어요.

燈
등불 등

火(불 화)가 들어 있는 한자는
'불'과 관련이 있어요.

泉
샘 천

水(물 수)가 들어 있는 한자는
'물'과 관련이 있어요.

朔
초하루 삭

月(달 월)이 들어 있는 한자는
'달'과 관련이 있어요.

한자가 친구를 만나 새로운 한자가 되었어요.
❓에 알맞은 스티커를 붙이고, 어떤 한자가 만들어졌는지 알아보세요.

| 월 | 일 | 이름 | 확인 |

金 + 丁
쇠/성 금/김 　 장정 정

田 + 力
밭 전 　 힘 력

丘 + 山
언덕 구 　 산(뫼) 산

金(쇠 금)과 丁(장정 정)이 만나서
'못'을 뜻하는 '釘(못 정)'이 되었어요.

田(밭 전)과 力(힘 력)이 만나서
'남자'를 뜻하는 '男(남자 남)'이 되었어요.

丘(언덕 구)와 山(산 산)이 만나서 '언덕이 있는
큰 산'을 뜻하는 '岳(큰 산 악)'이 되었어요.

한자가 친구를 만나 새로운 한자가 되었어요.
우리가 배운 한자를 찾아 순서대로 따라 쓰세요.

| 월 | 일 | 이름 | 확인 |

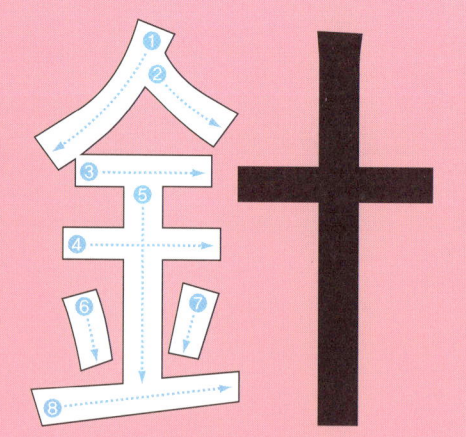
針
바늘 침

金(쇠 금)이 들어 있는 한자는
'쇠'와 관련이 있어요.

地
땅 지

土(흙 토)가 들어 있는 한자는
'흙'과 관련이 있어요.

夢
꿈 몽

夕(저녁 석)이 들어 있는 한자는
'저녁'과 관련이 있어요.

畓
논 답

田(밭 전)이 들어 있는 한자는
'밭'과 관련이 있어요.

峯
봉우리 봉

山(산 산)이 들어 있는 한자는
'산'과 관련이 있어요.

한자 쓰기 한자를 순서대로 따라 쓰세요.

월　　일　이름　　확인

日	日			
해(날) 일	해(날) 일			
月	月			
달 월	달 월			
火	火			
불 화	불 화			
水	水			
물 수	물 수			
木	木			
나무 목	나무 목			

金	金			
쇠/성 금/김	쇠/성 금/김			
土	土			
흙 토	흙 토			
山	山			
산(뫼) 산	산(뫼) 산			
夕	夕			
저녁 석	저녁 석			
田	田			
밭 전	밭 전			

*三國遺事(삼국유사): 고려 충렬왕 11년에 일연이 쓴 역사책.
*廣開土大王石碑(광개토대왕석비): 고구려 제19대 광개토 대왕의 능비.

엄마와 함께 보세요.

1

2

3

4

5

6

7

8

9

10

11

12

13

14

15

16

17

18

19

20

21

22

23

24

25

26

27

28
29
30

31

32

기초 부수자로 배우는 즐거운 漢字놀이

한자 카드

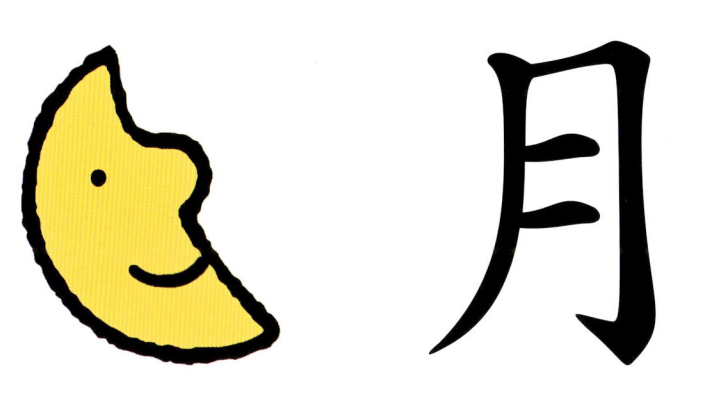

기초 부수자로 배우는 즐거운 漢字놀이

한자 카드

뜻	소리
해(날)	일

기초한자 부수떼기 **1**과정

뜻	소리
불	화

기초한자 부수떼기 **1**과정

뜻	소리
달	월

기초한자 부수떼기 **1**과정

뜻	소리
나무	목

기초한자 부수떼기 **1**과정

뜻	소리
물	수

기초한자 부수떼기 **1**과정

기초 부수자로 배우는 즐거운 漢字놀이

한자 카드

 金

 土

 山

 夕

 田

뜻	소리
쇠/성	금/김

기초한자 부수떼기 ❶과정

기초 부수자로 배우는 즐거운 漢字놀이

한자 카드

뜻	소리
산(뫼)	산

기초한자 부수떼기 ❶과정

뜻	소리
흙	토

기초한자 부수떼기 ❶과정

뜻	소리
밭	전

기초한자 부수떼기 ❶과정

뜻	소리
저녁	석

기초한자 부수떼기 ❶과정